Kıdemsiz Öğrenciler

HAKKINDA HER ŞEY
KÖPEKLER

Charlotte Thorne

Kıdemsiz Öğrenciler

HAKKINDA HER ŞEY
KÖPEKLER

Charlotte Thorne

Köpeklere genellikle insanın en iyi arkadaşı denir. Onlar çok uzun zamandır insanlarla birlikte yaşayan muhteşem hayvanlardır.

Köpeklerin evcilleştirilmesi gri kurda kadar uzanır. Evcilleştirme, insanların bir hayvanı bizimle yaşaması için evcilleştirmesi anlamına gelir.

Seçici yetiştirme nedeniyle insanlar köpekler için çok farklı türde işler yaratmıştır!

Eski Mısır'da tanrı Anubis'in köpeklerle akraba bir hayvan olan çakal kafası vardı.

Avrupa'daki ünlü bir mağara resmi, eski insanları eski köpeklerle avlarken tasvir ediyor.

Savaş sırasında köpekler savaş hayvanları olarak görev yaptı ve askerlere tehlikeli işlerde yardım etti.

Köpekler Canidae familyasına aittir. Canidae familyası ayrıca kurtları, tilkileri ve diğer vahşi köpekleri de içerir.

Köpekler 300 milyon reseptöre sahip olduklarından pek çok şeyin kokusunu alabilirler.

Duyuşları inanılmazdır. Bizim duyamadığımız yüksek frekanslı sesleri duyabiliyorlar.

Dünya çapında birçok ünlü köpek var.

Lassie the Rough Collie kitaplarda, filmlerde ve televizyonda bir simgedir. Kurtarma görevleriyle tanınır.

Husky Balto, 1925'te Alaska'da bir kızak köpeği ekibine liderlik etti. Hasta insanlara önemli bir ilaç dağıttılar.

Alman Çoban Rin Tin Tin, en ünlü köpek oyuncularından biriydi ve dünyanın ilk köpek filmi yıldızı olduğu düşünülüyor.

Farklı köpek türlerine bir göz atalım.

Labrador Retriever'lar dost canlısı köpeklerdir. Suya karşı büyük bir sevgileri var.

Alman Çoban Köpekleri akıllı ve güçlüdür. Çalışan köpeklerdir ve koruyucu özelliklere sahiptirler.

Golden Retrieverlar oyuncu ve popüler ırklardır. Çok güzeller ve kişiliklerle dolular.

Bulldoglar buruşuktur ve tıknaz vücutlara sahiptir. Onlar sevgi dolu yavru köpeklerdir.

Beagle'lar meraklı köpeklerdir ve avcılıkta kullanılırlar. Sarkık kulakları var.

Kanişler en zeki köpek ırklarından biridir ve gösterişli köpekler olarak bilinirler.

Rottweilerlar güçlü köpeklerdir. Onlar sevimli bebeklerdir.

Yorkshire Teriyerleri küçük enerji yığınlarıdır. Uzun paltoları var ve el çantalarıyla seyahat etmeyi seviyorlar.

Boksörler oyuncu yavrulardır. Kare kafaları vardır ve aktif olmayı severler.

Dachshund'lar uzun "sosisli sandviç" köpeklerdir ve bu da onları eşsiz kılar. Küçük bir bedene rağmen büyük bir ruhları var!

Sibirya Huskileri kızak çekerler ve çok sesli, arkadaş canlısı köpeklerdir. Onların da parlak mavi gözleri var.

Doberman Pinscher şık ve güçlü köpeklerdir. Onlar koruyucu koruyuculardır.

Shih Tzu'lar küçük kucak köpekleridir. Çok dost canlısı evcil hayvanlardır.

Büyük Danimarkalılar çok uzun köpeklerdir. Çok tatlı olabilirler.

Border Collie'ler çevik ve akıllıdır. Çok fazla enerjileri var.

Shetland Çoban Köpekleri işiten köpeklerdir. Kalın kürk yeleleriyle tanınırlar.

Chihuahua'lar küçüktür ama kalpleri büyüktür. Saygı duyulduklarında tatlıdırlar.

Pembroke Welsh Corgi'ler küçüktür ancak büyük kulakları vardır. Şaşırtıcı bir şekilde köpeklerin sesini duyuyorlar.

Saint Bernard'lar kurtarma çalışmalarıyla tanınırlar. Onlar nazik devlerdir.

Avustralya Çobanları akıllı ve çevik evcil hayvanlardır. Çoban köpeği olarak çalışıyorlar.

Puglar küçük, buruşuk tatlılardır. Çok eğlenceli ama inatçı bir doğaları var.

Alaskan Malamutlar kızak köpekleridir ve soğuk iklimlerde hayatta kalabilirler.

Avustralya Teriyerleri küçüktür ve kaba bir kürke sahiptir. Harika evcil hayvanlar yaparlar.

Basenjilerin şarkıya benzer ulumaları var. Süper akıllı ve bağımsız köpeklerdir.

Bichon Frisés bulutlara benziyor. Neşeli kişilikleri vardır.

Bloodhound'ların sarkık kulakları ve harika bir koku alma duyusu vardır. Kurtarma operasyonlarında da kullanılıyorlar.

Boston Teriyerlerinin smokin paltoları var. Dost canlısı yavrulardır.

Cavalier King Charles Spaniel'ler güzel paltoların yanı sıra en iyi kişiliklere de sahiptir.

Cocker Spaniel'lerin uzun ipeksi kulakları vardır ve şık bir havaları vardır.

İngiliz Mastiff'ler dev köpeklerdir! Sakin ve sevimlidirler.

Akitalar asil evcil hayvanlardır. Kalın kürkleriyle tanınırlar.

Maltalılar tiki küçük beyaz köpeklerdir ve ilgiyi severler.

Birmanya Dağ Köpekleri çok iri ama çok naziktir.

Pomeranyalılar tüylü küçük köpeklerdir. Cesur kişilikleri vardır.

Rhodesian Ridgeback'lerin sırtlarında bir "sırt" kılı vardır. Avcılık için kullanılırlar.

İrlandalı Setterler zarif ve canlı köpeklerdir. Onlar giden güzelliklerdir.

Papillon'un kulakları kelebeklere benziyor. Dost canlısı tatlılardır.

Whippet'lar süper hızlıdır, çok çeviktir ve insanlarına karşı naziktir.

Shar-Pei'ler çok buruşuktur. Sadık ve koruyucu köpeklerdir.

Dalmaçyalılar enerjik köpeklerdir ve itfaiye binalarının resmi sembolüdür.

Köpekler insanlara her gün yardım eder.

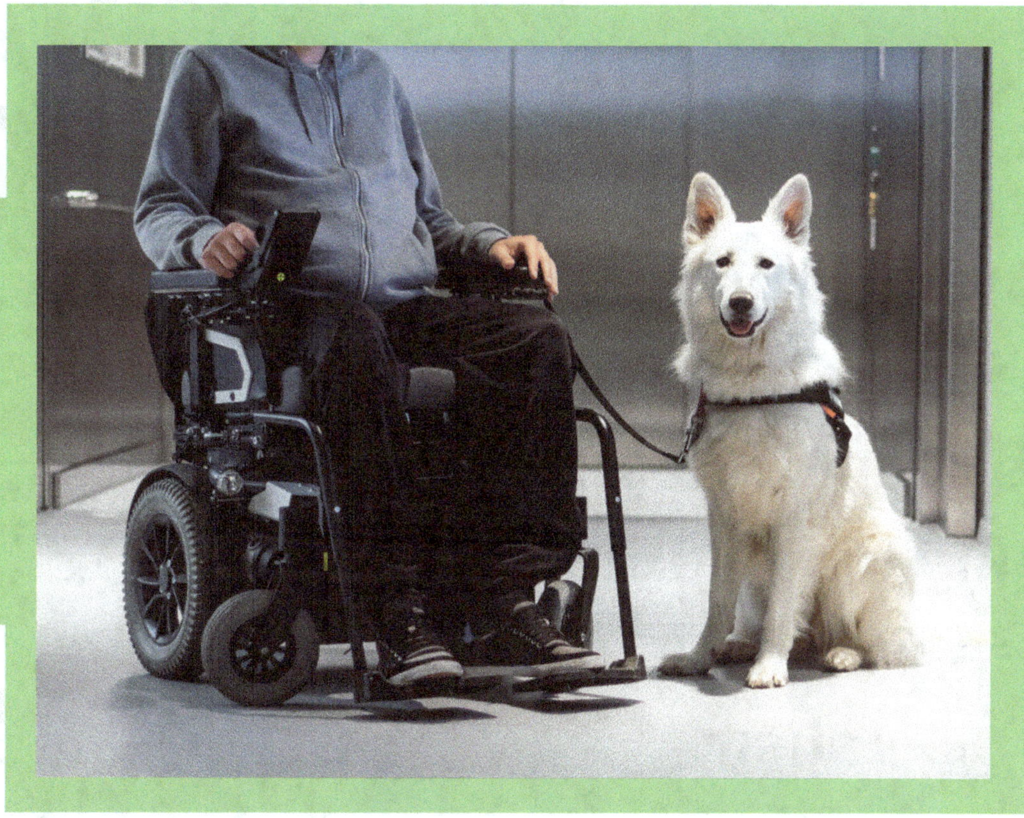

Birçok köpek, engelli insanlara yardım eden hizmet hayvanları olarak çalışır.

Arama kurtarma köpekleri, afetler sırasında kayıp kişilerin yerini tespit etmek için çalışır.

Köpekler polisle omuz omuza çalışıyor. Eğitimi geçemeyen yavru köpekler sevgi dolu ailelerin yanına gider.

Terapi köpekleri hastanelerde ve kamu güvenliğinde insanlara duygusal destek sağlar.

Köpekler günlük hayatımızın önemli bir parçasıdır. Köpeklerin bakımı önemlidir. Onlar sadece çalışkan işçiler değil aynı zamanda ailelerimizin önemli üyeleridir!